Gregoriana

10

Facoltà di Scienze Sociali

Convegno
Economia e Giustizia

28 novembre 2014

Pontificia
Università
Gregoriana

Collana diretta da Roland Meynet S.I.
Series directed by Roland Meynet S.I.

© 2015 Gregorian & Biblical Press
Piazza della Pilotta, 35 00187 - Roma
books@biblicum.com

ISBN 978-88-7839-308-0

Introduzione

Dott. Luigi MARIANO
Docente di etica economica
Pontificia Università Gregoriana

Negli ultimi anni, a partire dal 2008, abbiamo assistito a una modifica dell'economia globale, con il predominio del capitalismo finanziario speculativo sul capitalismo industriale produttivo dell'economia reale.

Ciò ha provocato un notevole squilibrio nella distribuzione della ricchezza, oggi in mano ad un'oligarchia plutocratica che sottomette gli Stati e i popoli, privando loro delle risorse necessarie per il bene comune. Quello che serve è una giusta distribuzione dei beni: solo riducendo le disuguaglianze ci potrà essere una crescita e uno sviluppo.

La Chiesa attraverso il Magistero Sociale di Benedetto XVI nell'enciclica *Caritas in Veritate* e quello più recente di Papa Francesco nei punti 52-58 della *Evangelii Gaudium*, ha condannato questo squilibrio del sistema economico-sociale ed auspicato un umanesimo economico attento alla dignità della persona ed alla solidarietà, in sintonia con i principi etici. Etica ed economia devono ritrovare il giusto equilibrio, sostengono i due pontefici.

Pochi giorni fa, martedì 25 novembre, Papa Francesco davanti al Parlamento Europeo riunito a Strasburgo ha affermato: «É giunta l'ora di costruire un mondo che ruota non intorno all'economia, ma intorno alla sacralità della persona umana, dei valori inalienabili»[1]. Mettere l'uomo al centro non tanto come cittadino o soggetto economico ma come persona dotata di diritti inalienabili e di doveri connessi ai diritti degli altri e al bene comune, contro il dominio oscuro del potere finanziario.

Questo convegno, *economia e giustizia*, vuol essere un modesto contributo per riflettere sull'essere custodi dell'umanità e del creato, assumendo il paradigma antropologico dell'*homo reciprocans*.

---

[1] PAPA FRANCESCO, «Discorso del santo padre al parlamento europeo», (25.11. 2014), in www.vatican.va (accesso: 13.01.2015).

Messaggio di Papa Francesco

Reverendo padre
P. François-Xavier Dumortier, S.I.
Rettore della Pontificia Università Gregoriana
Piazza della Pilotta, 4 — 00197 Roma

In occasione del convegno dal titolo *economia e giustizia,* organizzato dalla facoltà di scienze sociali di codesta pontificia università Gregoriana, sua santità rivolge il suo cordiale saluto agli organizzatori, ai relatori e agli intervenuti, esprimendo vivo apprezzamento per l'opportuna iniziativa. Come più volte ribadito dal Santo Padre, è importante che la chiesa alzi la propria voce contro le ingiustizie che il denaro sta provocando a una moltitudine di esseri umani in difficoltà a causa delle leggi del mercato e del debito. Davanti alla sofferenza della popolazione, la chiesa è chiamata, da una parte, a ribadire con fermezza e senza compromessi un no deciso all'economia dell'esclusione e alla nuova idolatria del denaro; dall'altra parte, a costruire un'economia della condivisione e del bene comune, un modello di economia sociale di mercato, il cui fine ultimo sia la valorizzazione della persona nel rispetto della dignità umana. Papa Francesco auspica di cuore che i lavori del convegno contribuiscano efficacemente a far meglio conoscere l'insegnamento e l'impegno della chiesa nel testimoniare il vangelo della carità e della giustizia per il mondo intero e, mentre chiede di pregare per lui, invia a lei e a tutti i presenti la benedizione apostolica.

Cardinale Pietro Parolin
Segretario di Stato di Sua Santità

Dal Vaticano, 28 novembre 2014

Saluto del Rettore

R.P. François-Xavier Dumortier, S.I.

Eminenza Reverendissima,
Carissimi organizzatori e relatori,
Carissimi amici,

non è soltanto un dovere accoglierVi stamattina nella nostra Università; è anche e anzitutto una profonda gioia. Desidero darVi un caloroso, un molto caloroso benvenuto all'inizio di questa mattina di riflessione e di dibattito.

Mi permetta, Eminenza, a nome della nostra comunità universitaria e a nome mio, di darLe un benvenuto molto speciale. Siamo davvero molto onorati e lieti della Sua presenza — e in anticipo — del Suo contributo essenziale alla nostra riflessione. Tutti noi La conosciamo... dunque vorrei limitarmi a esprimere tre ragioni della nostra gioia per il Suo essere qui oggi. Lei è salesiano... e secondo la mia esperienza personale, posso dire che abbiamo molte cose in comune, dall'impegno per l'educazione al desiderio di essere vicini al Popolo di Dio nelle sue aspettative e nei suoi bisogni. Lei ha l'esperienza della vita universitaria e intellettuale... e dunque capisce dall'interno la nostra missione, che non è soltanto di proporre percorsi di studi, ma di sentire e capire le sfide del mondo odierno. Lei è, dal giugno 2007, Presidente di Caritas Internationalis. In questa veste, Lei ha visto e affrontato i problemi che interessano l'economia delle nostre società e sa bene quanto esse incidano sull'uomo, la famiglia, e sullo sviluppo della società. Grazie di cuore, Eminenza, per la Sua presenza.

Sono molto felice di questo piccolo convegno e mi rallegro con il Dott. Luigi Mariano e tutti coloro della Facoltà di Scienze Sociali che l'hanno ideato e preparato. Penso infatti che sia cruciale considerare e affrontare le problematiche economiche di oggi dal punto di vista della giustizia. Poiché non siamo né ciechi, né sordi, sappiamo bene come e quanto l'economia tendenzialmente invade, pervade, assale la mente, il modo di pensare e di giudicare le relazioni umane, la vita sociale. Nello stesso tempo vediamo come il denaro sia la misura di tutto, come un liberalismo senza regole e senza limiti emargini tanta gente, come la povertà si trasformi in miseria... una miseria spesso nascosta. In questo contesto che è davvero un appello alle nostre coscienze, la giustizia non è un'aspirazione generosa, un principio ideale o idealistico: è un dovere, una urgenza, un impegno, una prospettiva che cambia tutto, un'attesa che brucia il cuore. Come ha ricordato Papa Francesco, in occasione della Sua visita alla sede della FAO in Roma, lo scorso giovedì 20 novembre, in occasione della Seconda conferenza internazionale sulla nutrizione «Le persone e i popoli esigono che si metta in pratica la giustizia; non solo la giustizia legale, ma anche quella contributiva e quella distributiva[2]». Si tratta di prendere in conto la realtà e di considerarla con gli occhiali della giustizia. Perché la giustizia rimette al centro non il denaro, ma l'essere umano, cioè la persona umana. E sappiamo che non c'è mai giustizia senza amore, senza carità che cresce e sgorga dal cuore dell'uomo. Penso che ci sia un potere della riflessione, una forza delle idee che può generare veramente cambiamenti radicali, se il desiderio e la ricerca della giustizia si incarnano nelle opere e negli atti delle persone di buona volontà.

Ci sono tante sfide etiche e umane nella cornice di questa problematica «economia e giustizia» che non posso respingere la mia soddisfazione che possiamo prendere insieme la misura della nostra responsabilità sotto la guida degli illustri relatori presenti. Vorrei concludere ancora con le parole del Papa Francesco, indirizzate al personale della FAO lo scorso giovedì 20 novembre:

> Vi invito ad essere premurosi e solidali verso i più deboli, sull'esempio di Gesù che si è caricato delle sofferenze e dei mali dell'umanità, a non scoraggiarvi di fronte alle difficoltà, e ad essere sempre pronti a sostenervi gli uni gli altri e così guardare al futuro con speranza[3].

Grazie a tutti voi e buona mattinata.

François-Xavier DUMORTIER, S.I.

---

[2] PAPA FRANCESCO, *Discorso alla Plenaria della Conferenza*, Visita alla sede della FAO in Roma in occasione della II^a Conferenza Internazionale sulla Nutrizione, Giovedì 20 Novembre 2014, 2.

[3] PAPA FRANCESCO, *Saluto al personale della FAO*, Visita alla sede della FAO in Roma in occasione della II^a Conferenza Internazionale sulla Nutrizione, Giovedì, 20 Novembre 2014.

DALL'*HOMO OECONOMICUS* ALL'*HOMO RECIPROCANS*
DAL NEO-LIBERISMO ECONOMICO ALLO SVILUPPO INTEGRALE
DEI POPOLI E DELLE PERSONE

Oscar Andrés Cardenal Rodríguez MARADIAGA, S.D.B.
Arcivescovo di Tegucigalpa. Honduras[4]

Ringrazio per l'invito a partecipare a quest'importante simposio che senza alcun dubbio vuole approfondire un tema molto importante nella società di oggi. Le mie riflessioni sono motivate in parte come reazioni alla esortazione apostolica *Evangelii Gaudium* di Papa Francesco.

Genealogia prossima di una causalità remota

Il liberismo economico ha come figlio maggiore il capitalismo moderno. Affinché ciò si realizzi, con tutta la sua purezza che pretendono i suoi postulati fondamentali, c'è bisogno del dominio della tecnica, del denaro e del debito, giocando costantemente con le carte speculative delle finanze che finiscono per essere un gioco di azzardo.

A mio avviso, la crisi del capitalismo, come modello del sistema economico, si radica in una crisi antropologica, giacché nei sui distinti flussi e riflussi economici non si riconosce la centralità della persona. Io credo che se questo postulato fosse chiaro non avremmo i problemi che tutti conosciamo.

Non possiamo negare che c'è un certo vincolo, potremmo dire, ombelicale fra economia di mercato assolutizzato e la disuguaglianza che provoca nella distribuzione della ricchezza. La fondazione, la costruzione di base più debole del capitalismo ideologico è la povertà. Forse è la realtà che meglio dimostra la sua fallibilità. La relazione causale non è una questione di prospettiva, ma di risultati.

Se l'ideale del capitalismo è quello di generare ricchezze e minimizzare la povertà, vediamo dappertutto che quegli effetti desiderabili dell'economia di mercato ancora non raggiungono il riconoscimento aspettato. Anzi, i suoi risultati mostrano che il neo-liberismo è in crisi e mostra sintomi di malessere

---

[4] Tra le opere di O. MARADIAGA, si segnalano: *Giustizia, povertà e solidarietà*, Catanzaro, 2011; *Senza etica niente sviluppo*, Bologna, 2013; *Tra etica e impresa la persona al centro*, Roma, 2013.

sistemico che rivelano squilibri preoccupanti. È per questo che il Papa avverte che «una economia della esclusione e della iniquità è una economia che uccide»[5]. Il modello neo-liberista genera un tipo di accrescimento economico che non assicura il vero sviluppo umano. Qui finiscono le allegorie e cominciano le tragedie.

La libertà non è una strategia utilitaria

Qua ripeto la mia opinione: per quanto si dica che il libero mercato ci fa liberi, se non c'è una equazione equilibrata fra libertà, responsabilità etica e libertà di impresa si produrranno sempre gli effetti distruttivi già conosciuti, fra il più diffuso quello di oggettivare utilitaristicamente la persona riducendola a un semplice bene di consumo[6].

Quando il libero mercato accetta la responsabilità sociale i risultati sono molto migliori. Quando le radici antropologiche del mercato si alimentano del principio cristiano della centralità, della sacralità e della dignità della persona allora il capitalismo diventa più umano. Nel frattempo, non finisco di ammirare le parole di Papa Francesco quando dice che è possibile arrivare a «la dittatura di una economia senza volto e senza uno scopo veramente umano»[7].

Penso che l'esortazione apostolica *Evangelii Gaudium* non ha voluto dare un approccio salvifico all'economia — ciò che sarebbe epistemologicamente inammissibile — ma piuttosto sottolineare alcuni aspetti evidenti che rivelano con tutta franchezza che l'economia di mercato favorisce molto l'interesse di élite che produce una «cultura di scarto». Papa Francesco vuole tornare a situare la persona nella sua qualità di obiettivo dell'agire economico e non come un mezzo utilizzato soltanto a fine di lucro.

Ma non crediate che abbia una visione anticapitalista, piuttosto cerco di evidenziare alcuni dei suoi vizi. Non è una condanna ma una segnalazione. Inoltre, la *Evangelii Gaudium* fa una ermeneutica del capitalismo pensando ai poveri ed è un documento sulla nuova evangelizzazione, non sul capitale e l'economia.

Da questo punto di vista personale, per quanto discutibile, affermo che un capitalismo non solidale è di per sé, contraddittoriamente anti-capitalista. Il benessere condiviso e la distribuzione del capitale, dei mezzi, delle risorse e della ricchezza dovrebbero bastare a tutte le persone coinvolte nella catena lavoro — capitale — ricchezza, perché tutti quelli che intervengono in essa

---

[5] PAPA FRANCESCO, *Evangelii Gaudium*, 53 in AAS 105 (2013) 1019-1137.
[6] Cf. PAPA FRANCESCO, *Evangelii Gaudium*, 53.
[7] PAPA FRANCESCO, *Evangelii Gaudium*, 55.

sono allo stesso tempo attori coinvolti, co-protagonisti, corresponsabili nella struttura del sistema economico.

L'edonismo dei numeri

Le autorità finanziarie globali, i mercati e le borse, adoperano valori di interessi speculativi: cifre, numeri, spread, bonus. Ma non c'è in loro una preoccupazione per la dignità di ogni essere umano e guardano a esse come un mezzo per raggiungere una finalità, quella del profitto cumulativo che produce il capitale. Sarebbe auspicabile che la crescita economica comportasse contemporaneamente la giustizia sociale e un benessere che assicuri a tutti equamente un ordine sociale giusto. Penso che il capitalismo non si renda conto di questo processo autodistruttivo che lo porta al suo declino: la distruzione del capitale umano.

Porto come esempio l'edonismo, inteso come consumismo sfrenato, come la perdita del senso della vita «ridotta» in funzione del piacere e dell'avere; contemporaneamente ci sono milioni di persone che soffrono la fame, la denutrizione, la mancanza di educazione e di salute, e la violenza strutturale che li isola senza compassione. Potremo considerarlo come un effetto reale di un neoliberismo senza senso etico, che offre soltanto la autocompiacenza e la gratificazione dei guadagni globali, frutto di un'avidità insaziabile di piacere (edonismo) e di possesso (egoismo).

La nostra società dal punto di vista del modello economico liberale e dalle opzioni materialiste suggerite dal processo del secolarismo, cerca più denaro, più bellezza, più salute, più fama, più giovinezza e più erotismo, e non parla più di amore. Questo atrofizza la capacità di ammirare e la qualità contemplativa nell'uomo contemporaneo. Perciò i piaceri, il denaro e le compensazioni che con esse si possono comprare, fanno parte del sentire psicologico di una società e di una generazione che opta per l'egoismo e cade in forme di narcisismo.

Se la persona si sottovaluta, se non si autostima, non può radicarsi nell'essere della sua propria esistenza e si torna dipendente delle istanze esterne come supporto esistenziale per auto riconoscersi e auto trascendersi. Ma siccome non si trovano nell'ambito materiale le risposte profonde della vita, si arriva a un vuoto esistenziale che asfissia l'uomo nel suo proprio egoismo.

Opportunità di una diagnosi

Non è mia intenzione denigrare il modello economico capitalista né demonizzarlo. Se faccio una critica dell'ordinamento economico attuale è perché sono convinto che una semplice modificazione di questo sistema non è sufficiente per guarire e migliorare le condizioni sociali. Semplicemente voglio dire che questo tipo di economia di mercato, che si concretizza nella competenza imprenditoriale, potrebbe interagire con due realtà altamente compatibili: quello della politica sociale e quello dell'integrazione degli attori pubblici e privati. Ciò è in linea con i criteri dell'economia sociale di mercato, in continuità con i postulati etici della giustizia.

Certo che ci vuole il capitale e il denaro, giacché per affrontare la povertà è necessario il denaro ma anche un governo sociale forte e blindato contro la corruzione.

Fuori dell'Europa non si è sviluppata molto la riflessione sull'economia sociale di mercato, i cui presupposti suggeriscono che l'economia si lasci permeare da concetti di economia fondamentali eticamente e che offra più vantaggi alla persona. Tante forze liberali nei loro discorsi parlano del effetto *trickle down* (uguaglianza e integrazione della società) come risultato logico dello sviluppo quando si dispiega con tutto il suo vigore il mercato libero. È un bel concetto ma il capitalismo globale segue poche regole, neppure le proprie.

La regola più auspicabile sarebbe considerare l'uomo, la persona umana, come l'origine, il portatore e il motivo di tutta la vita sociale e dei mezzi di produzione, i suoi risultati dovrebbero orientarsi sempre a essi.

Cito ancora una volta Papa Francesco e alla risonanza mondiale che ha avuto la esortazione apostolica *Evangelii Gaudium*, quando dice che lo sviluppo integrale dei popoli e delle persone sarà tale se prende in considerazione la dignità della persona umana, tutta la società, l'ambiente e la equità reale, creando fra di esse un bilancio armonico ed etico, che permetta di ricomporre l'attuale schema capitalista là dove il denaro è messo al primo posto.

Della stessa maniera i postulati economici fondamentali della teoria del mercato, delle popolazione, del reddito non proporzionale (la divisione del lavoro, le teorie della distribuzione, il commercio internazionale, fra tanti altri) devono lasciare il posto al primato della persona.

La teoria politico-economica neoliberale crede che la ricchezza si autoregola senza nessun intervento dello Stato e a prescindere dell'etica, afferma che è la legge dell'offerta e della domanda quella che garantisce una soluzione armonica ed ugualitaria per raggiungere un equilibrio dinamico fra capitale e società nella quale non ci siano né conflitti né tensioni.

In questa maniera il neoliberalismo si presenta come un prodotto omeopatico, cioè che risolve tutto. In pratica è l'individualismo di ognuno ciò che stimola la ripresa meccanica del sistema. I produttori e i padroni del capitale pongono tutto il loro impegno per ottenere il massimo beneficio, mentre i lavoratori pongono tutta la loro mano d'opera con l'ambizione del maggiore salario possibile.

Equilibrio fra teoria e pratica senza spazi etici

Il Papa nel dire la frase questa economia uccide, non si riferisce in maniera univoca all'economia di mercato, ma a certi eccessi di una pratica economica di mercato che esclude l'essere umano e lo sostituisce. Da un'altra parte la deficienza sistemica degli incentivi diventano la parte più sensibile e importante di questo approccio ma a discapito della persona. Alla fine essa viene non solo relegata e ignorata ma subisce anche le conseguenze delle ingiustizie come l'emarginazione, l'esclusione, la migrazione, gli scioperi dei lavoratori senza vie d'uscita né prospettive: insomma la povertà.

Come vediamo si tratta di affermazioni constatabili su di un sistema vulnerabile. Questo ci motiva a pensare in ciò che oggi funziona male, ma che può essere superabile nel futuro.

Affinché ci sia il capitale, l'impresa deve poter funzionare con molto equilibrio e proporzione, con essa il mercato, la proprietà privata, i mezzi di produzione e la distribuzione dei beni di consumo. Ma quando si altera questo equilibrio, cioè il risultato della capacità di mantenere una condizione economica interna stabile, privilegiando il valore di scambio al valore d'uso, allora si produce nell'economia di mercato qualcosa di simile ai problemi metabolici: cioè mal di stomaco e alterazioni del sistema digestivo.

Questa è una comparazione per riferirmi al «malessere» del neoliberalismo a oltranza. Il capitalismo, con la sua rete di sistemi di controllo retroalimentate, cerca una forma di equilibrio dinamico fra teoria e pratica. Ma in tanti casi il risultato è quello che ci sia più teoria e meno pratica di successo nelle applicazioni dei suoi grandi teoremi e postulati dogmatici fondamentali.

Il discorso ottimista e positivo, scientificamente puro, teoreticamente bello e perfetto di una forma di economia di mercato, proprio del modello neoliberista, fondato sul dominio della tecnica, del denaro e del debito, dipendenti dall'egemonia delle finanze speculative, è come la terra mitica dove può nascere come un gigante l'*homo oeconomicus*. In cui prevale l'avidità. All'opposto del primo scenario poniamo un altro scenario, anch'esso ideale: un ambiente umanizzato, fondato sulla condizione eticamente desiderabile che promuova lo sviluppo integrale dei popoli e delle persone sulla base dell'umanesimo economico, dove possa crescere l'*homo reciprocans*. In questa dimensione prevale la solidarietà. Io penso che all'economia dell'ego debba sostituirsi l'economia del noi.

Equilibrio fra teoria e pratica con spazi etici

Mentre non si dà uno spazio etico alla persona umana nel discorso economico, l'economia del benessere con tutti i suoi «corni dell'abbondanza» crolla e vediamo come Paesi ricchi cadono in povertà.

A questo punto naturalmente dobbiamo ammettere che le generalizzazioni possono essere insostenibili per essere false, e ammetto che esistono delle differenze tra gli orientamenti economici dei singoli Paesi, con i loro difetti e con i loro riuscite. Oggi come oggi, il falso capitalismo distorce lo sguardo dai destini individuali, dai deboli, dai poveri, con una miopia colpevole e complice: la «economia della avidità», è la stessa che promuove la globalizzazione dell'indifferenza che conduce in atteggiamenti egoisti[8]. Purtroppo questo squilibrio esiste.

Dobbiamo essere misurati e realisti, forse iperrealisti, al sapere che una esortazione apostolica (*Evangelii Gaudium*) non ha né forza coercitiva né il carattere autoritario per potersi imporre, tipo decreto, che faccia sì che d'ora in poi l'economia di libero mercato generi uno stile di relazioni, cooperazioni e cambiamenti tali da provocare un rinnovo sulla faccia della terra.

Se c'è la ricchezza allora è quella che deve essere distribuita, aumentata e decentrata, fino a che si dia lo spazio alla sussidiarietà indirizzata al benessere generale.

Considero che si può lavorare tanto per mantenere la coesione sociale, la solidarietà e la morale, coinvolgendo chi ha la capacità di prendere decisioni, nelle cui mani sta il potere di implementare quell'ordine sociale ed economico nel quale la persona conta di più come soggetto che come oggetto.

Sostengo che è la dignità della persona l'elemento catalizzatore per eccellenza di qualsiasi deviazione del capitalismo come modello sociale. Per guarire le sue debolezze antropologiche e la diminuzione della sua energia etica è necessario tornare ancora una volta alla persona umana e tenerla come riferimento ineludibile. Così si supererebbe la tensione fra le grandi forze finanziarie e l'iniquità sociale.

I valori religiosi e culturali non sempre si prendono in considerazione nelle differenti decisioni economiche. Sarebbe molto buono che per implementare una politica di ordinamento sull'economia sociale di mercato si potesse istituzionalizzare un dialogo fra le chiese e fra le religioni. Esso farebbe fecondo lo sforzo di riequilibrare i risultati di una iper-economia liberale senza coscienza etica né implicazioni morali.

C'è una dimensione di finalità dei valori che costituiscono una «linea etica» che ci apre all'amore, alla gratuità, alla generosità. Essa è ciò che essenzialmente dobbiamo apportare al mondo, nella sua di-polarità (non bipolarità ma di -polarità) cioè: ricchezza–povertà, libertà–oppressione, successo–fallimento, uguaglianza–egemonia, ecc.; in maniera che la finalità economica non limiti l'uomo concreto né lo tiranneggiare.

---

[8] Papa Francesco, *Evangelii Gaudium*, 54.

In termini generali, l'economia di mercato se finalizzato al bene comune è il mezzo più efficace per generare ricchezza e promuovere le persone; perciò la *Centesimus Annus* legittima l'iniziativa privata e la libera impresa.

La *Evangelii Gaudium* neppure contraddice né fustiga quei principi basilari della teoria del mercato, allerta però sulla possibilità che gli interscambi dei benefici diano servitù alla tirannia della ricchezza che per raggiungere i suoi fini rimandi alla persona e la spiazzi fino a farla diventare un mezzo e non più un fine.

Perciò sono urgenti degli spazi etici affinché l'economia di mercato respiri e si ossigeni.

La complessità della povertà

La povertà è relativa e anche se ci sono degli auspici che a livello mondiale essa non è stata ancora neutralizzata ma anche sta discendendo, tuttavia dobbiamo fare molto per superare la *tara sociale dell'indifferenza*. Senza un orientamento adeguato della coscienza personale non arriveremo mai a convertirci in quel *homo reciprocans*, il quale è per noi un ideale cristiano di solidarietà ed empatia.

Per raggiungere quest'obiettivo qualcosa in più in questo senso lo si deve fare, si deve provocare: se ancora ci sono istanze sociali e politiche che negano la partecipazione aperta e pubblica alle fede cristiana; se all' interno della chiesa manca una autentica cultura cristiana sociale; se nelle università cattoliche non si discute spesso sui fondamenti epistemologici dell'economia e delle sue conseguenze; se i nostri accademici dimenticano che sotto la proposta o modello economico esiste implicitamente un'antropologia 'x', 'y' o 'z'; se la predicazione esorta a una accettazione passiva della realtà senza un invito a superarla e ad affrontarla con coraggio e intelligenza; se le cose stanno così, allora è il momento in cui ognuno deve cominciare ad agire in maniera che i cambiamenti si possano fare assumendo ognuno la propria responsabilità.

Ma la formula che funzionerà in questo senso sarà quella di mettere la persona al centro.

L'impresa privata contro la tentazione del guadagno assoluto

Oggi più che mai l'impresa è il motore della vita sociale e, in quanto tale, non può essere neutra né amorfa. C'è un tema di identità e di cultura d'impresa da considerare, imparando a coniugare sinergicamente con la realtà del territorio nel quale s'impianta un'attività imprenditoriale, sintonizzare empaticamente con esso e condividere lo sviluppo integrale, umano ed ambientale.

Un imprenditore sensibilizzato e motivato con i valori umanisti che illuminano e nutrono l'agire economico, deve essere in primo luogo una persona pienamente cosciente delle proprie potenzialità creando relazioni forti e duraturi, fondati sulla comprensione reciproca e sul rispetto, anche quando accadono errori, nascono tensioni e bisogna affrontare difficoltà.

Optare per un atteggiamento di condanna è collocarsi in un contesto mentale e psicologico che non permette percepire i limiti, forse anche quelli eventualmente gravi (la trave nel proprio occhio), che possiamo avere e che magari non riusciamo a rimuovere. Accettare le critiche implica ascoltare e quello spesso è molto più difficile che semplicemente parlare.

L'imprenditore ha anche bisogno di *self control*, prima, durante e dopo delle operazioni dalle quale dipendano la vita degli altri e il bene della società.

Se le motivazioni e le strategie che segue un imprenditore sono a misura della persona e tendono alla sua piena realizzazione, anche pagando il costo di entrare in dialettica con quelle leggi dell'economia di mercato che tanto condizionano l'esercizio dell'imprenditorialità, questa opzione diventa il capitale e l'azienda uno strumento al servizio di una migliore condizione civile. Invece, l'imprenditore che indirizza la propria attività cercando soltanto di accrescere il suo profitto, rischia di dilapidare il patrimonio di talenti che gli sono stati affidati (capitale umano, sociale, ambientale).

Costruire sulla roccia è l'indirizzo che si deve tendere sempre e in ogni circostanza per assicurare l'onestà dei processi commerciali e produttivi di una impresa; anche quando gli altri, la concorrenza, la stessa corruzione dello Stato, sembrano conquistare buone posizioni, ma che alla fine sono effimere.

L'onestà e l'appello a una cultura della legalità devono essere i due binari imprescindibili sopra i quali si muove e si articola l'attività imprenditoriale. I guadagni e le vittorie di ieri saranno sempre meno importanti dei progetti di domani.

L'economia di mercato può redimere i suoi eccessi pratici se nel momento di ideare e di stabilire una impresa avesse in conto anche il bene comune, prendendo come principio indiscutibile, moralmente assunto nella coscienza degli imprenditori: quello che il lavoro diventa uno strumento di edificazione per se stessi e per le future generazioni; ed i guadagni che si avranno, saranno frutto coerente dello sforzo e della dedizione. Deve domandarsi se quel progetto è corretto, se il luogo è adatto per il suo svolgimento e se quel contesto è giusto e adeguato per un valore condiviso. È lì dove l'imprenditore può anche fare un esercizio di fede, sebbene «la fede non è un rifugio per gente senza coraggio, ma la dilatazione della vita»[9].

---

[9] PAPA FRANCESCO, *Lumen Fidei*, 53 in AAS 105 (2013) 555-596.

L'economia come strumento di umanizzazione

Il mercato è uno dei più grandi scenari d'incontro fra gli esseri umani, esso stabilisce che il segno più grosso di povertà, sia degli individui che delle comunità o dei Paesi, è non avere l'opportunità di partecipare attivamente o creativamente sul mercato oppure di farlo in un mercato degradato dove si sono persi tutte le aspettative.

La Dottrina Sociale della Chiesa non è stata, non è né sarà una via alternativa né al capitalismo liberale né al capitalismo sociale, né alle forme comunitarie dell'amministrazione dell'economia.

È una formulazione di quello che l'essere umano, individualmente e comunitariamente, ha bisogno per partecipare nella costruzione della comunità locale e della comunità internazionale e che allo stesso tempo diventa uno dei nuclei che definisce l'incontro generatore di essi, cioè il mercato.

Il libero mercato, non è nemico della cooperazione. Soprattutto se riconosciamo che davanti a tante gravi asimmetrie economiche, senza una cooperazione per lo sviluppo veramente integrale, per i governi di alcuni popoli e comunità, il margine di azione che rimane ai suoi governi è minimo e il margine di umanizzazione dei mercati è quasi nullo.

Perciò sussistono come mali senza soluzioni problemi derivati di quella menzionata asimmetria: debito estero incontrollabile, speculazione finanziaria, ambiente degradato, povertà ed immigrazione forzata, diritti umani negati, mancanza di lavoro, democrazia falsificata, welfare depotenziato e scarse risorse per la salute, l'educazione, cioè per la felicità dei cittadini.

Molti critici, e la *Evangelii Gaudium* non è lontana da questa valutazione, hanno individuato il carattere intrusivo ed invasivo della logica di mercato che riduce sempre di più le opportunità per la comunità umana, per la vita pubblica a tutti i livelli. Il mercato, ovviamente, impone il suo modo di pensare e di agire e stabilisce la sua scala di valori inerente alle sue opzioni.

Sono convinto che l'economia di mercato costituisce una grande sfida per la nuova evangelizzazione. Grazie mille.

ECONOMIA DEL BENE COMUNE

Gianpaolo SALVINI, S.I.
Redattore della rivista *La Civiltà Cattolica*

Quando studiavo economia uno dei testi che usavamo, del prof. Francesco Vito, era intitolato: «L'economia al servizio dell'uomo,» ma siccome non esiste un'economia individuale, il titolo presuppone che l'uomo e la donna siano esseri sociali, cioè incompleti in se stessi e che hanno bisogno degli altri e sono fatti per gli altri.

Il principio del bene comune deriva infatti dalla pari dignità, uguaglianza e unità di tutte le persone, e questo fa sì che ogni aspetto della vita sociale e di quella economica debbano riferirsi al bene comune per trovare pienezza di senso.

Per bene comune, secondo la *Gaudium et spes* e il Catechismo della Chiesa Cattolica si intende «l'insieme di quelle condizioni della vita sociale che permettono sia alle collettività sia ai singoli membri di raggiungere la propria perfezione più pienamente e più celermente»[10].

Ovviamente il bene comune non consiste nella somma dei beni particolari di ciascun soggetto del corpo sociale. Essendo di tutti e di ciascuno è e rimane comune, perché indivisibile e perché soltanto insieme è possibile conseguirlo, accrescerlo e custodirlo anche in vista del futuro.

Il bene comune quindi può essere inteso come la dimensione sociale e comunitaria del bene morale. Voglio dire che il singolo realizza il suo bene morale compiendo il bene, e la società giunge a pienezza realizzando il bene comune.

È quindi responsabilità di tutti realizzarlo, in una comune ricerca senza posa, in una forma pratica e non solo ideale.

Non è un mistero che, mentre i primi economisti, come Adam Smith, parlavano molto di bene comune a cui l'economia si deve indirizzare, gli economisti successivi hanno parlato sempre meno di bene comune, perché la nostra società è diventata sempre più individualista e utilitarista. Tutti sono consapevoli che senza l'organizzazione umana nella società non si può

---

[10] CONCILIO VATICANO II, *Gaudium et spes*, 26 *AAS* 58 (1966).

andare avanti e non c'è nessun progresso o sviluppo. Ma di fatto la nostra società è molto ripiegata sul proprio utile e tende a subordinare tutto ad esso.

Recuperare il senso del bene comune, di cui i Papi parlano sempre, coincide di fatto con il recupero della relazionalità umana, di cui oggi si sente tantissimo bisogno. Papa Francesco parla spesso del bene comune, anche pochi giorni fa, rivolgendosi alla FAO. Nella *Evangelii gaudium* parla quindici volte del bene comune e un'intera sezione del capitolo IV è intitolata il bene comune e la pace sociale.

Parlando dopo il card. Maradiaga, che ci ha chiaramente elencato tutti i sommi principi, forse è meglio che io non sia molto teorico, ma scenda a qualche applicazione pratica.

Scelgo perciò un punto particolare circa l'edificazione del bene comune: quello del rapporto tra ciò che possono fare i singoli e quello che può fare lo Stato per il raggiungimento del bene comune.

Questo significa trattare del rapporto tra moralità e legalità, che hanno molti punti in comune, ma non coincidono.

Moralità è la libera accoglienza interiore ed esteriore di ogni giusta norma, a cominciare, per un credente, da quelle divine. Secondo molti studiosi, quando si prescinde dalla rivelazione cristiana, si parla di etica, ma le definizioni non sono così chiare.

Legalità, secondo il dizionario Treccani, è l'essere conforme alla legge e a quanto è prescritto da essa.

Una cosa molto importante, per il nostro tema, è che la moralità è qualcosa da accettare liberamente. La legalità invece può essere imposta con la forza, tanto più che in uno Stato di diritto, lo Stato ha il monopolio della forza, che lo Stato può usare per esigere l'osservanza della legge.

Legalità e moralità però non sono separate in quanto anche i cristiani sanno che «non c'è autorità se non da Dio» (Rm 13,1), e quindi ogni giusto comando e ogni vera legge deve vederci pronti all'ubbidienza per costruire il bene comune. San Pietro scriveva: «State sottomessi ad ogni istituzione umana per amore del Signore: sia al re come sovrano, sia ai governanti come ai suoi inviati per punire i malfattori e premiare i buoni» (1Pt 2,13-14).

La legge civile è quindi per un cristiano uno strumento a servizio della persona in ordine alla costruzione di una società giusta che mira al bene comune, uno dei grandi capisaldi del pensiero cristiano, confermata dalla *Caritas in veritate*, e di conseguenza la legge può essere criticata per renderla sempre meglio rispondente alla sua funzione propulsiva e attuativa del bene comune.

Senza leggi non esiste società umana, ma dato che la nozione di bene comune si arricchisce continuamente di nuovi contenuti, resi possibili dalla tecnica (mezzi di trasporto ecc.) o frutto di una continua maturazione della civiltà umana (cf l'abolizione della schiavitù, la pena di morte, la concezione della guerra ecc.), anche le leggi sono destinate a un continuo miglioramento che durerà quanto la presenza della società umana sul nostro pianeta, cioè per tutta la storia.

La comunità cristiana che, come hanno ricordato Benedetto XVI e Papa Francesco, è sensibile alle esigenze della promozione integrale dell'uomo e del bene comune, è chiamata a dare un proprio contributo di crescita alla legalità, anche se l'obiettivo proprio della Chiesa è di ordine morale e spirituale e persegue dei fini che vanno al di là dell'orizzonte della storia e della geografia umana.

Da sempre leggi morali e leggi dello Stato non coincidono interamente. Peccato e delitto non sono la stessa cosa, anche e alle volte coincidono. Lo Stato colpisce un omicidio colposo (un macchinista che si appisola guidando il treno e causa così un disastro) che non necessariamente è una colpa morale se involontaria e non provocata in causa (per esempio bevendo prima di mettersi al posto di guida). Viceversa può giudicare non penalmente perseguibile azioni certamente colpevoli dal punto di vista morale, come la prostituzione o un tentato suicidio (se riuscito, il problema purtroppo non si pone), che pure non aiutano il bene comune.

L'ideale è ovviamente che le leggi dello Stato, pur avendo una logica diversa, si ispirino ai valori fondamentali comuni a una società civile rettamente intesa. Benedetto XVI parlava spesso di legge naturale (e lo fa anche Papa Francesco, ad esempio nel suo discorso alla FAO), concetto oggi in crisi, ma che deve pur avere un corrispondente in valori comunemente accettati da tutti, se ad esempio l'*Onu* vuole fare documenti sui diritti della donna, dei bambini, dei popoli ecc. che riscuotano un consenso universale. Alle volte però si è costretti a limitarsi a dichiarazioni generiche, senza scendere alle definizioni per timori che sorgano insormontabili contrasti, come avvenne per la stessa dichiarazione dei Diritti dell'Uomo, su proposta di Maritain. Definire quindi in che cosa consiste il bene comune e quali sono i suoi valori fondanti è una cosa molto difficile nella società moderna, che non accetta nulla di assoluto.

A questo proposito sorgono però alcuni problemi delicati e di non facile soluzione. Ne elenco alcuni che vanno certamente tenuti presenti:

a) Anzitutto il fatto che anche nella nostra Italia, i padri della Costituente, 60 anni fa, condividevano molti più valori, nonostante le diverse appartenenze politiche e ideologiche, in fatto di famiglia, di matrimonio, di giustizia economica, di limiti della scienza e della tecnica, di quanto non sarebbe possibile oggi. Ma facevano parte del bene comune che lo Stato italiano doveva realizzare con le sue leggi. È un punto molto delicato e oggetto di continua riflessione, specialmente visto il sempre maggiore contatto con Paesi di cultura e tradizioni diverse.

b) In secondo luogo un altro delicato problema che i vertici della CEI si incaricano alle volte di rendere attuale, e che non è di facile soluzione è costituito dal fatto che le leggi dello Stato, come dicevo, non corrispondono mai pienamente, ritengo, agli ideali cristiani, e forse è bene che sia così, perché le leggi sono il frutto della politica che è l'arte del possibile, non dell'ideale. Ora i nostri vescovi spesso ricordano (ricordavano) che certi princìpi sono irrinunciabili, o non negoziabili, e intorno a quelli ad esempio i parlamentari cattolici dovrebbero ritrovare l'unità in sede di votazione in Parlamento. Ma il n. 73 dell'Enciclica *Evangelium vitae* di Giovanni Paolo II riconosce esplicitamente la possibilità di votare una legge imperfetta (quindi non buona) per evitare che ne venga approvata una peggiore. Alle volte però ho l'impressione che si tenda a considerare questo un caso eccezionale (il Vaticano me ne ha tolto la citazione perché non adeguatamente contestualizzata!), mentre a mio avviso è quanto si verifica in ogni discussione circa l'emanazione di una legge. I vescovi hanno tutto il diritto di richiamare quali sono i princìpi della morale su un punto o l'altro, ma è la coscienza adulta e professionalmente formata del parlamentare cattolico che deve giudicare se in questo momento un determinato testo di legge è l'unico possibile in difesa del bene comune o se va rifiutato in coscienza e quindi se deve votare in un modo o nell'altro.

c) Un terzo problema è quello del rapporto educativo o meno tra legge e moralità in ordine al bene comune. Esemplare in proposito è la discussione sulle leggi che hanno legalizzato l'aborto, il divorzio o la prostituzione, il gioco d'azzardo, o che hanno imposto l'uso del casco in motocicletta. I sostenitori delle leggi dicono che nessuno è obbligato a divorziare, ad abortire o a prostituirsi. La legge è solo un venire incontro ai casi di urgenza e a chi la pensa diversamente dai cattolici. Ma è innegabile che l'esistenza di queste leggi induce a pensare che certe azioni, essendo permesse dallo Stato sono anche lecite moralmente, e di fatto, ad avviso di molti, esse abbassano il senso della legalità e la deformano.

Lo Stato d'altronde deve tenere conto della società pluralistica nella quale viviamo e nella quale la mentalità prevalente non è più ispirata al messaggio evangelico e ai suoi valori. Lo stesso si potrà probabilmente dire per le coppie di fatto in futuro, specialmente quando ci sono dei minori che lo Stato deve tutelare. Viceversa, il fatto che lo Stato obblighi ad usare il casco in motocicletta o a non bere prima di mettersi alla guida non solo riduce certamente il numero di incidenti, ma fa anche pensare ai giovani che si tratti effettivamente di gesti che è bene compiere o di azioni che è bene evitare.

Ma è una disputa sempre in corso. Il cancelliere tedesco H. Schmidt ne discusse con i vescovi del suo Paese, luterani e cattolici, in quanto sosteneva che non tocca allo Stato educare ai valori con le leggi, ma tocca alle religioni o alle correnti di pensiero laico riflettere sui valori e diffonderli nella società. Lo Stato si limita a codificare e a difendere nelle sue leggi i valori che la società ha scelto a maggioranza di adottare.

Un altro problema mai risolto e che sta alla base di tutte le domande che ho posto precedentemente, è quello di sapere sino a che punto una serie di leggi può obbligarmi o no. Una volta si parlava di *leges mere poenales* che oggi nessun moralista difende più. Esempio tipico è quello delle leggi fiscali. Ma oggi con la maggiore consapevolezza che abbiamo del bene comune, direi che dovremmo sempre presumere a favore della legge, anche se non sempre la condividiamo o se ci pare largamente discutibile.

Così pure, di fronte a una legge chiaramente frutto di un compromesso, o che ci sembra ledere profondi convincimenti della coscienza, fino a che punto la legalità mi impone di osservarla? Per determinati casi (di fatto soltanto due: aborto e servizio militare e anche questa è caduta con l'abolizione della leva obbligatoria) è prevista l'obiezione di coscienza. E in altri?

Le leggi dello Stato italiano nel contesto attuale

Se vogliamo scendere al concreto, anche per poter scegliere una linea chiara in ordine al bene comune da edificare, occorre vedere il contesto più concreto del tipo di legislazione italiana inserito nel quadro specifico nostro e in questo tempo. Essa è emanata da un'autorità laica, come secondo la nostra mentalità occidentale è ogni Parlamento, e in base ai valori di cui le leggi sono espressione e concretizzazione.

Un documento del 1981 del Consiglio episcopale Permanente della CEI intitolato «La Chiesa italiana e le prospettive del Paese», richiamava la necessità di una «legislazione efficace, non farraginosa, non ambigua, non soggetta a svuotamenti arbitrari nella fase di applicazione, adeguata a garantire gli onesti da qualsiasi potere occulto, politico o non che esso sia»[11].

In Italia invece esiste una legislazione pletorica e incoerente. Dovrebbero essere in vigore circa 75.000 leggi (probabilmente nel numero sono incluse anche quelle regionali) i, che io non ho certo contato. L'attuale Parlamento ha eliminato in un colpo solo circa 29.000 leggi inutili. Mi pare che nessuno se ne sia accorto, tranne i dipendenti di qualche ente soppresso che non si considerava inutile e ha protestato. Ma ne rimangono 75.000, che naturalmente nessun avvocato o giudice è in grado di conoscere. Anche in Germania

---

[11] CEI - CONSIGLIO PERMANENTE, «La chiesa italiana e le prospettive del paese», Roma 1981, 9.

pare che sia la stessa cosa, ma, come notava sempre H: Schmidt, con una grande differenza, perché «i tedeschi pretendono di osservarle».

Le leggi spesso, anche nel nostro Paese scendono a notevoli minuziosità (zucchero nei bar solo in bustine e non in contenitori aperti) nelle quali il cittadino si perde, mentre mancano leggi in settori molto importanti, nei quali ci si trova senza guida e senza protezione. Se manca una legge che regoli infatti, vince sempre il più forte. Non per nulla il mercato, faceva notare Einaudi, è nato sulla piazza del Comune, con le guardie che verificavano la correttezza delle bilance e della merce venduta, e sotto gli occhi dell'autorità, per evitare l'arbitrio dei commercianti e le loro furbizie sempre a danno degli ingenui e degli indifesi. In tanti anni non si è riusciti a far sì che i canali radio nazionali trasmettano dovunque sulla stessa frequenza (ma c'è riuscita Radio Maria!). Non parliamo poi delle leggi fiscali o di altre, pure importantissime, ma che possono interferire con aspetti squisitamente politici (cf conflitto di interesse).

Il problema è che la nostra è una società sempre più globalizzata: nelle comunicazioni, nei trasporti, nei viaggi, nelle informazioni, nella finanza e nei commerci, ma non sono globalizzati i valori che dovrebbero essere alla base della tensione verso il bene comune, per esempio il rispetto per i beni pubblici rispetto a quelli privati: graffiti sui muri e sulla propria macchina, vandalismo. Ma è cosa resa evidente anche nella grande economia perché dei tre fattori di produzione sono globalizzati i capitali e le tecnologie, nonché i commerci, ma non il lavoro: i Paesi ricchi sono occupatissimi a respingere alle frontiere i lavoratori che bussano alle nostre porte, non ad accoglierli!

Il primo valore a non essere globalizzato è il bene comune, cioè quello di cui devo parlare io. Questi sono soltanto esempi, ma in realtà il problema sta a monte ed è costituito anzitutto da un grande indebolimento della passione per il bene comune alla cui tutela e promozione dovrebbero essere dirette le leggi. In Italia, con la fine delle ideologie sembra essere venuto meno anche il senso di un progetto nazionale, organico e ispirato dai valori della giustizia, della solidarietà, dalla sussidiarietà, come indicato anche dalla *Caritas in Veritate*. In realtà in Italia non si discute più delle grandi programmazioni per il benessere della società intera (tanto meno lo si realizza), ma si discute sulle persone (chi ha rubato di più o di meno) e di interessi molto particolari, dei tassisti, dei rifiuti di Napoli, dei verificatori dei freni in aeroporto, del cane della nave che si è incagliata all'imbocco del porto di Alessandria d'Egitto, ecc. Ogni comune pensa solo a se stesso.

Gli interessi particolari sono legittimi, come ogni espressione dell'autonomia dei singoli e dei gruppi, ma purché siano inseriti in un quadro di riferimento forte e unitario, diretto appunto al bene comune, che può esistere solo in una democrazia politica ricca di valori.

Ma questo è difficile per l'indebolirsi dei partiti, sempre meno attenti ai bisogni reali delle persone, e incapaci di elaborare programmi coerenti e di ampio respiro, anche perché sono condizionati dalla necessità di raccogliere il consenso ad ogni costo e ridotti alla gestione concreta del potere, «fino a ridursi talvolta al ruolo di agenzia di occupazione e di lottizzazione dei diversi ambiti istituzionali»[12].

Inoltre la cultura si è sottomessa eccessivamente ai partiti, ai quali sembra aver delegato la riflessione sulla realtà sociale e sugli strumenti politici per dominarla e orientarla, dimenticando che occorre una verità ultima che guidi l'azione politica, che altrimenti viene strumentalizzata per fini di potere.

Dobbiamo perciò riscoprire un'etica che abbia a fondamento il bene comune, ma ci sono diverse definizioni di etica. Il cristiano vuole un'etica che ponga al centro la persona. Ma, senza addentrarci nelle definizioni possiamo usare un esempio che per me è usuale per indicare i vari livelli di etica possibili.

Ne possiamo distinguere almeno tre:

a) Nel mondo anglosassone per etica si intende spesso il rispetto delle regole, il fair play, e sarebbe già qualcosa nella nostra Italia, ma non solo in Italia. Un esempio è quello del manager della *Goldman Sachs* che nelle email si vantava con la sua ragazza di vendere bidoni ai clienti della banca. Come un pescatore che vende pesce avariato sa che non lo può fare a lungo, così una persona nel mondo del lavoro sa che deve stare ai patti. Ed è cosa che va insegnata.

b) C'è poi un secondo livello di etica, che chiamerei il senso civico, cioè quel complesso di norme che fanno parte dell'ethos di una nazione e che deriva dal consenso di un intero Paese, quello che si chiama il consenso sociale. Oggi il fumare è ritenuto negativo e si riesce ad ottenere che in treno, in aereo, ecc. non si fumi, cosa una volta impossibile: quando ero un ragazzo tutti fumavano al cinema, che diventava una vera camera a gas. In Italia non si è ancora arrivati a un livello simile per quello che riguarda il traffico stradale, che pure non avrebbe un'importanza minore, per esempio la sosta vietata in Danimarca. Cf. il rimorso di Nobile per tutta la vita per essersi salvato prima del suo equipaggio, anche se sembra che l'abbia fatto per organizzare meglio i soccorsi. E anche per questo livello l'educazione è elemento fondamentale, perché può influire non poco creando una mentalità, un costume, che, almeno in parte, può differire da popolo a popolo. Purché si tratti di comportamenti virtuosi, perché la società può diventare tollerante su prostituzione e droghe, viste come espressione di libertà.

---

[12] COMMISSIONE ECCLESIALE GIUSTIZIA E PACE, *Educare alla legalità*, Roma 1991, 7.

c) C'è poi un terzo livello di etica, che è quello fondato sui valori profondi, sulla stessa concezione della natura umana, così come Dio l'ha voluta e creata. Essa ha come punti di riferimento la natura e la Rivelazione. Evidentemente quest'ultima vale soltanto per un credente. In ogni caso tutto dovrebbe mirare al bene comune. Il Papa perciò richiama continuamente la legge naturale, inscritta nel cuore di ogni uomo e di ogni donna. Ma, come dicevo, questo è oggi un discorso articolato, non accettato da tutti. Per questo, in innumerevoli occasioni, Benedetto XVI critica il relativismo che nega l'esistenza di valori universali che sono invece alla base di tutta la concezione cristiana della vita. Il discorso in proposito è molto delicato e complesso. Anche se si vuole evitare il discorso della legge naturale, ci vogliono certamente dei valori intorno ai quali creare un consenso che renda possibile la creazione di una società umana che per noi credenti corrisponda al piano di Dio.

Ci sono infatti diversi tipi di etiche: di Kant, di Nietzsche, del consenso, della situazione. Il Magistero della Chiesa ne difende una che, come ho detto, sia «amica della persona», e del resto la legge deve anch'essa difendere la persona, la sue relazioni, i suoi valori e non è mai fine a se stessa.

Quello che conta è che le norme che contribuiscono ad edificare il bene comune devono essere non soltanto osservate, ma anche interiorizzate. Non sono norme arbitrarie ma le istruzioni per l'uso che Dio ha impresso nei nostri cuori. Non sono un limite alla mia libertà, ma le modalità che mi consentono di realizzarle e che serva a fare il bene, cioè ad esempio ad edificare il bene comune.

In pratica è necessario realizzare idealmente il sogno di uno scrittore che diceva, al porto di New York, dove arrivava la quasi totalità degli emigranti europei c'è la statua della libertà. Accanto dovrebbe esserci anche quella della responsabilità.

Senza questi due valori integrati tra di loro non ci sarà mai un vero bene comune.

ECONOMIA CIVILE
CREARE RICCHEZZA
CON COOPERAZIONE, CONDIVISIONE E DONO

Leonardo Becchetti
Professore di economia politica,
Università di Roma Tor Vergata

Cercherò di rispondere a due domande fondamentali relative al come e al cosa è possibile fare per uscire dalla crisi. Come diceva Antonio Genovesi, che è il fondatore storico dell'economia civile, un sacerdote ma anche un grande esperto di economia, è ovvio che il compito del calzolaio non è dirci quanto sono belle le scarpe ben fatte quanto piuttosto spiegarci come si fanno. Quello che a noi interessa oggi non è dunque semplicemente declamare ideali che rappresentano pilastri della dottrina sociale della chiesa (e punti di riferimento anche per tanti non credenti) come quelli del bene comune e del primato della persona ma capire in che modo possiamo agire per realizzarli nella società globale.

Per fare questo procedo in quattro parti. La prima riguarda il metodo, che è lo stesso che ho proposto di utilizzare nelle scuole di formazione politica. Per prima cosa dobbiamo capire quali sono le *res novae* dei nostri tempi ovvero come sta cambiando l'economia: guidare l'economia è come guidare una macchina, non è che si guida con delle istruzioni che sono prestampate e copia di come abbiamo guidato la volta precedente, il terreno cambia e noi dobbiamo avere delle competenze, ovvero adattare quello che sappiamo al terreno mutato e ai nuovi problemi che dobbiamo affrontare. È fondamentale dunque analizzare le cause dei problemi che abbiamo davanti. Le tre cause sono essenzialmente riducibili a tre forme di riduzionismo: antropologico, di impesa e di definizione del valore. Studiando attentamente le novità della situazione ed individuando le cause dei problemi è poi possibile ideare delle soluzioni e stabilire linee di azione. Su quest'ultimo punto illustrerò cinque direttrici di azione già avviate dove personalmente mi sto spendendo.

Partendo dall'inizio, credo che noi dobbiamo avere sempre tre registri quando studiamo la realtà: la gratitudine per le cose belle e per i progressi che accadono, la denuncia per ciò che non va e la speranza. La gratitudine nasce dalla verifica delle conquiste irreversibili del progresso tecnologico, medico e scientifico che ci consentono oggi di vivere di più, più intensamente e con più beni a disposizione almeno a livello aggregato. L'umanità ha fatto progressi enormi da alcuni punti di vista come capacità di produrre beni e servizi in aggregato e aspettativa di vita, ma il problema fondamentale è come i successi delle conquiste della scienza e della medicina e i tanti e crescenti beni e servizi che vengono prodotti vengono distribuiti. Siamo oggi di fronte ad un dato sconvolgente: gli 85 uomini più ricchi del mondo possiedono una ricchezza pari a quella dei 3 miliardi di poveri: c'è un squilibrio abnorme dietro questo dato, spiegato in parte dal fatto che c'è una grossa quota di poveri che ha ricchezza negativa o ricchezza zero. Dietro il problema della distribuzione non possiamo non cogliere quello della democrazia. Come è possibile che la disuguaglianza non diminuisca nonostante la democrazia? Com'è possibile che i 3 miliardi di più poveri non vincano le elezioni contro gli 85 individui più ricchi promuovendo poi politiche di redistribuzione della ricchezza? La risposta fornita da uno studio recente è che negli Stati Uniti il 40% delle spese elettorali americane sono finanziata da contributi dal 5% dei più ricchi.

È evidente che è qui che si crea lo squilibrio e la democrazia dove vige la regola del voto personale (una testa un voto) ridiventa come una società per azioni dove invece vige il voto di censo, anzi dove si conta in proporzione ai soldi che si hanno. Oggi la questione fondamentale nell'economia globale diventa dunque l'equilibrio dei poteri tra aziende, società civile e istituzioni.

Nello studiare le caratteristiche della crisi ci si imbatte nella questione della complessità e delle interdipendenze tra le diverse dimensioni. Come nel mito dell'Idra di Lerna[13] se, come Ercole, cerchiamo di distruggere una sola testa alla volta concentrandosi solo su quella, le altre diventano più grandi. Se ad esempio mettiamo in atto politiche di crescita e di lotta alla povertà possiamo imbatterci nei limiti della ricetta cinese. Dove ci sono migliaia di morti per tumori dovuti all'inquinamento all'anno, e dove i ragazzi non possono uscire per fare ricreazione all'aperto. Quindi c'è un problema di creazione di valore economico che però rischia di essere insostenibile dal punto di vista ambientale. Poi se vogliamo risolvere il problema tenendo conto dell'interdipendenza almeno tra queste due dimensioni (creando valore economico ambientalmente sostenibile) e pensiamo di farlo attraverso la scorciatoia della finanza, cioè della ricchezza creata sulla carta possiamo incorrere in un altro problema, quello della creazione di bolle e dello scoppio di crisi finanziarie.

La cosa fondamentale da tenere in considerazione è che le varie dimensioni della crisi sono alimentate da tre riduzionismi.

---

[13] P. GRIMAL, «Eracle», in C. CORDIÉ, ed., *Dizionario di mitologia greca e romana*, Brescia, 1987, 234-257 (orig. francese, *Dictionnaire de la mythologie grecque et romaine*, Paris 1958^2).

a) il riduzionismo antropologico nel quale la persona è concepita come *homo oeconomicus*, cioè non vista nella sua ricchezza di persona e come nesso di relazioni. Io dico che *l'homo oeconomicus* è quel pesce che pretende di vivere fuori dall'acqua delle relazioni. Papa Francesco ne ha parlato moltissimo nel suo recente discorso al parlamento europeo: ha parlato di un'Europa vecchia e stanca, perché laddove l'individuo si stacca dalla dimensione relazionale, perde il suo slancio vitale e diventa schiavo di poteri forti.

b) il riduzionismo del valore che identifica il valore con il PIL. Il valore non è il PIL, il valore, «la ricchezza delle nazioni» direbbe oggi Adam Smith, è lo stock dei beni economici, culturali, ambientali, spirituali di cui una comunità può godere in un certo territorio. È una cosa molto diversa dal PIL, comprende il benessere economico ma non si limita ad esso e non incorpora elementi distorti che, se inseriti nel PIL, lo allontanano ancora di più dal vero benessere. Come giudicare infatti il PIL una volta che ci abbiamo inserito stime del fatturato di droga, contrabbando e prostituzione invece magari di integrarlo con il valore dei beni e servizi prodotti dai volontari che contribuiscono concretamente al benessere e alla sussidiarietà sopperendo anche alle carenze dei sistemi di welfare?

c) Il riduzionismo d'impresa si verifica allorché l'impresa viene identificata con la massimizzazione del profitto che implica una filosofia ben precisa. Massimizzare il profitto (non perseguire un ragionevole profitto che è cosa del tutto legittima) vuol dire dare priorità gerarchica all'azionista rispetto al più ragionevole obiettivo di portare benefici a tutti gli altri soggetti portatori d'interesse (consumatori, clienti, lavoratori e comunità locali). L'impresa che massimizza il profitto è una impresa che mette di fatto sopra il piedistallo l'azionista rispetto a tutti gli altri. Se perseguita fino all'estremo questa strategia risulta persino più rischiosa. Disinteressarsi del benessere dei portatori d'interesse rischia di avere effetti collaterali gravi che mettono a rischio la sopravvivenza dell'impresa come nel caso dell'Ilva di Taranto.

A causa di questi tre difetti fondamentali (i tre riduzionismi) nel mondo l'enorme valore economico creato è maldistribuito. C'è grande disuguaglianza nel mondo: nel mondo ci sono vincenti e perdenti. Che cosa sta succedendo negli ultimi anni? Sta vincendo una élite, c'è un declino della classe media dei paesi ricchi e c'è una crescita di reddito nei paesi emergenti, l'anno scorso in Cina il salario medio è salito del 30%. Prima della globalizzazione la forbice delle condizioni dei salari e dei redditi nei paesi ricchi e nei paesi poveri era molto più ampia. La globalizzazione ha eliminato il diaframma che separava i due mondi e ha fatto scattare la legge di gravità che fa cadere verso il basso, a parità di qualifiche, i salari nei paesi ricchi verso i livelli di quelli nei paesi poveri. Le aziende per abbassare i costi vanno alla ricerca di luoghi di produzione dove, a parità di altre condizioni, i costi del lavoro sono minori e per questo motivo «l'esercito di riserva» dei più diseredati trascina verso il basso le condizioni di lavoro e le tutele dei lavoratori poco specializzati ed altamente sindacalizzati dei paesi ad alto reddito.

Questa corsa al ribasso determina dal lato positivo un aumento di domanda di lavoro nei paesi poveri e dunque una pressione al rialzo dei salari in quei paesi che mette in moto un lento processo di convergenza. Noi sappiamo che in 30 anni se la Cina continuerà a crescere come oggi raggiungerà il reddito medio pro-capite di un italiano (ma sappiamo anche che la vera sfida di questo paese è evitare la catastrofe ambientale ovvero coniugare crescita e sostenibilità).

Visti la legge di gravità e la convergenza la via giusta per risolvere più celermente gli squilibri globali (per noi e per loro) è migliorare le condizioni degli ultimi per disinnescare la legge di gravità. Per questo l'intuizione dei pionieri del commercio equo solidale resta ancora validissima: non creare delle barriere ormai impossibili da erigere, non impedire l'arrivo degli stranieri, dei loro prodotti, ma premiare nei paesi produttori le filiere che creano lavoro in maniera socialmente e ambientalmente sostenibile, favorendo in maniera più rapida possibile questa convergenza tra paesi ricchi e poveri. La domanda più importante che dobbiamo porci è dunque come mettere in moto processi che generino convergenza verso l'alto. E suggerisce che occuparsi degli ultimi non è più solo compito dei missionari ma esigenza di tutti grazie all'interdipendenza dei destini che la globalizzazione ha creato.

Per capire quali sono i limiti del riduzionismo nella concezione d'impresa rivediamo le sue finalità. L'azienda è una realtà la cui funzione «sociale» (intesa anche solo come contributo alla crescita economica) è quella di produrre la torta del valore aggiunto che poi ripartisce nelle fette che spettano ai diversi *stakeholders* (utili agli azionisti, salari ai dipendenti, condizioni di vantaggio ai consumatori, ecc.). La massimizzazione del profitto vuol dire confondere la massimizzazione della dimensione della torta con quella della fetta spettante ad uno dei portatori d'interesse. In altri termini abbiamo bisogno di aziende non guardino solo agli interessi degli azionisti ma siano attente ai diritti dei lavoratori e all'ambiente. Per fare esempi concreti ci sono aziende che devastano i luoghi in cui si trovano come l'Ilva di Taranto e ci sono aziende che adottano un territorio come Loccioni nelle Marche. Ma il riduzionismo più importante di tutti (e con le conseguenze più gravi) è quello antropologico. Mi ricordo che questa estate quando ne ho parlato al Papa è stato l'argomento che gli è piaciuto di più; anche perché è quello più a contatto con la filosofia e la teologia. Nella economia l'uomo è concepito come monade schiacciata sulla dimensione acquisitiva, è felice solo consumando di più e diventando più ricco; non è un essere morale ma è solo razionalità senza relazionalità. *L''homo oeconomicus* non è persona, nesso di relazioni, direi è un pesce che pretendere di vivere fuori dall'acqua delle relazioni, in questo è meno dell'animale che sappiamo nelle sue forme più evolute essere profondamente empatico (basti pensare al cane e alla sua sensibilità). *L'homo oeconomicus* è inoltre edonisticamente machiavellico perché la sua felicità dipende dal risultato e non da come ci si arriva, mentre noi sappiamo da studi sempre più numerosi che la felicità si decide in larghissima parte nelle circostanze e nelle nostre azioni durante il viaggio che ci porta alla meta. La felicità si decide su tutto quello che ci accade sulla strada che porta al risultato. È quello che noi economisti chiamiamo oggi utilità procedurale.

Per spiegare il senso dell'utilità procedurale cito la nota battuta di Woody Allen che risponde al famoso motto «i soldi non fanno la felicità» con «è vero che i soldi non fanno la felicità, figuriamoci la miseria». La mia contro risposta è che, se è vero che c'è una correlazione tra benessere economico e felicità, è ancor più vero che conta molto di più per la felicità a cosa hai rinunciato per fare quei soldi e come li ha fatti. Concludendo sul riduzionismo antropologico possiamo sintetizzare affermando che *l'homo oeconomicus* è triste, per fortuna minoritario, ma soprattutto socialmente dannoso. E triste come confermano tutti gli studi statistico-econometrici sulle determinanti della soddisfazione di vita perché è appunto il pesce che vive fuori dall'acqua delle relazioni. E più l'economia ci pone di fronte transazioni anonime, più i freni morali si allentano e si diventa simili all'*homo oeconomicus*: in finanza ho l'adrenalina, sto scommettendo, non vedo che sto rovinando la vita a milioni di persone, se invece sono alla guida di una automobile e vedo che sto investendo qualcuno freno sicuramente.

L'homo oeconomicus, e questo è l'aspetto più rilevante per la collettività, è anche socialmente dannoso. Cioè la razionalità dell'*homo oeconomicus* è una razionalità inferiore che ci impedisce di raggiungere risultati migliori di fertilità sociale, umana ed economica. Questo secondo me è il punto più importante per gli studenti di economia. Cosa è l'economia? L'economia è fatta di relazioni e di dilemmi sociali. Cosa è un dilemma sociale? Quando io faccio il business con una persona, vivo due problemi. Il primo è l'asimmetria informativa: non so quella persona come si comporterà perché non la conosco fino in fondo Il secondo è l'incompletezza contrattuale perché non disporrò mai di un contratto di mille pagine che mi garantisca legalmente da qualunque abuso della controparte.

In presenza di simmetria informativa e incompletezza contrattuale, la relazione è fertile solamente se c'è fiducia, la fiducia è il sangue, la linfa che se non scorre non produce in società il bene comune. Questo vale tanto per i rapporti tra le persone quanto per quelli tra gli stati, cioè la relazione economica deve essere fatta di fiducia e di scambio di doni. Pensate a tutta la storia e al successo della cooperazione agricola: ad esempio in Italia, dove gli agricoltori che si sono messi assieme hanno conferito il prodotto a una società di secondo livello che fa marketing, che fa la loro fortuna e quella del marchio che fa made in Italy (si guardi ai successi di alcune cooperative agricole alimentari in Trentino o in Emilia Romagna) e invece pensate ad altre situazioni in cui nemmeno due persone si mettono assieme per paura che la cooperativa gli rubi i soldi. Il comportamento dell'*homo oeconomicus* distrugge fiducia, è paralizzante ed impedisce di accedere ai benefici della superadditività che si generano nella fiducia e nella cooperazione dove il risultato è maggiore della somma di quanto avremmo ottenuto separatamente (nella scelta cooperativa in cui si mettono assieme energie e risorse cinque più cinque fa venti).

Con la recente crisi finanziaria globale siamo arrivati ormai al dunque. Il sistema, il vecchio paradigma minato dai tre riduzionismi (di persona, impresa e valore), non può funzionare perché intrinsecamente fallace, la somma di *homo oeconomicus* e aziende che massimizzano il profitto, non può produrre bene comune. Qual è l'escamotage con cui il paradigma tradizionale ottiene il risultato della convenienza sociale di un sistema siffatto? L'idea è che ciò avviene grazie all'azione eroica di due dei ex machina, due mani, la mano invisibile del mercato e la mano visibile delle istituzioni, ma è un sistema che non può reggere. La mano invisibile di A. Smith sappiamo che in realtà è in grado di conciliare l'interesse di produttori con quello dei soli consumatori e non di tutti gli altri portatori d'interesse.

E pretendiamo troppo dalla mano visibile delle istituzioni, noi pretendiamo che le istituzioni siano benevolenti, perfettamente informate e così forti da non correre il rischio di essere catturate dai regolati che nell'economia globale hanno un potere di condizionamento e di lobby enorme. Nell'ipotesi del funzionamento della mano istituzionale tra l'altro c'è una contraddizione logica, perché se l'uomo è *homo oeconomicus* perché quando entra nelle istituzioni dovrebbe diventare un uomo etico e volto al bene comune?

Appare evidente il perché questo modello non possa funzionare e la crisi finanziaria è un caso scuola di come non abbia funzionato.

Nessun tavolo si regge su due sole gambe. Ne ha bisogno almeno di tre se non di quattro per essere stabile. L'economia civile ci dice che abbiamo bisogno di altre due mani, abbiamo bisogno della mano della cittadinanza attiva che trova oggi nuove modalità di partecipazione attraverso il voto col portafoglio del cittadino consumatore e risparmiatore responsabile, e della mano delle imprese *multistakeholder*, ovvero delle imprese che ripartiscono il valore in maniera diversa tra i portatori di interesse, come moltissime già fanno. Anche se l'abito non fa il monaco quelle più vocate per tipologia di governance a questa missione sono sicuramente le imprese cooperative, le banche etiche e solidali, le imprese di commercio equo ma anche tutte le tradizionali imprese profit che abbracciano con serietà la scelta di responsabilità sociale.

Quale è il ruolo del cittadino?

Come economia civile insistiamo molto sul ruolo del cittadino consumatore responsabile. Molti mi chiedono perché tutta questa importanza per i consumatori. La mia risposta è che anche se a Teseo non piaceva particolarmente lavorare a maglia, ha fatto di necessità virtù, ed è diventato un esperto in gomitoli, perché il gomitolo gli serviva per salvare Arianna. Se capiamo che oggi nell'economia globale tutto si gioca sulle dimensioni del consumo e del risparmio, capiamo che dobbiamo incarnare i nostri ideali nella piazza del mercato. Il consumatore è un cittadino che va a votare con il portafoglio, cioè un cittadino che capisce che l'anatra zoppa della democrazia si rimette in sesto solo se la democrazia del voto politico, viene complementata ogni giorno dal voto che possiamo fare sul mercato. Votare ogni giorno con il portafoglio vuol dire premiare e scegliere l'azienda migliore nel creare valore economico socialmente sostenibile. La cosa in cui insisto molto è che il voto con il portafoglio richiede molto meno dell'altruismo eroico, basta una forma di autointeresse lungimirante, cioè basta capire che il nostro voto con il portafoglio per una azienda migliore è non solo una buona azione ma anche un vantaggio per noi. Perché? Faccio l'esempio dell'acquisto della mozzarella: quando mangiamo mozzarella qualche dubbio ci viene, verrà da terreni inquinati? Allora se premiamo la filiera equamente sostenibile, vuol dire non solo che rispettiamo l'ambiente ma anche che tuteliamo la nostra salute. Allo stesso modo premiare una azienda sostenibile a livello di qualità delle condizioni di lavoro, vuol dire premiare quelle aziende che sanno creare lavoro e questo è un beneficio anche per noi. Il voto con il portafoglio non è una illusione o un'utopia remota e irraggiungibile, le indagini di mercato della Nielsen ci dicono che il 46 % dei consumatori globali sono disposti a votare con il portafoglio, oggi nel mondo. La *Boston Consulting Group* riporta che il 15 % dei prodotti che ormai si vendono a bottega sono verdi o etici, il 40 % dei fondi di investimento in Europa (cioè la scelta delle azioni su cui investire) vota con il portafoglio e il 35% del caffè venduto nel Regno Unito ha il marchio equo solidale. Questi risultati straordinari ottenuti tutto sommato in poco tempo sono stati raggiunti perché il voto con il portafoglio è contagioso: il consumatore che premia il prodotto venduto in botteghe equosolidale, ha creato nel tempo un processo di imitazione. Studi teorici ed empirici e l'evidenza dei fatti dimostrano che la risposta ottimale dell'impresa massimizzatrice di profitto all'ingresso sul mercato dei cittadini responsabili che premiano i pionieri delle imprese solidali è l'imitazione parziale. Oggi abbiamo una serie di multinazionali che hanno deciso di mettere nella loro gamma prodotti equo-solidali.

Una domanda che mi si fa spesso è: ma votare con il portafoglio costa? Come si fa a votare con il portafoglio se siamo tutti più poveri?

La prima risposta è che il voto con il portafoglio in finanza non costa nulla di più, perché tutti gli studi scientifici dimostrano che i fondi etici non rendono di meno dei fondi tradizionali, la seconda risposta è che si può «votare» sul mercato anche in modo diverso, più originale minimizzando o azzerando i costi di denaro e di tempo (con il mouse invece che con il portafoglio). Io sto lavorando al miglioramento di una campagna di rendicontazione sviluppata da *Oxfam* sulle dieci multinazionali alimentari più grandi del mondo realizzata dando a ciascuna di queste aziende una valutazione da uno a dieci su diverse dimensioni della filiera produttiva: raccolto, clima, braccianti, trasparenza, acqua. Uno degli slogan della campagna è che nessuna azienda è così grande da poter ignorare i propri consumatori La campagna ha creato un sito in modo che i cittadini potessero interagire con le aziende, inviando dei messaggi disapprovazione per la scarsa responsabilità sociale ed ambientale, sono arrivati 700.000 messaggi e tutte le aziende hanno messo in campo iniziative per migliorare le loro pratiche e il loro punteggio in classifica: questo è un esempio di come la mano visibile dei cittadini può incidere rapidamente e concretamente.

L'ultima cosa di cui volevo parlare riguarda il tema della crisi finanziaria e della finanza. La finanza, come sappiamo è un problema molto serio, abbiamo una campagna che si chiama 005 che si propone di riformare la finanza a livello mondiale. Questa campagna internazionale si prefigge quattro obiettivi. Il primo inserire una tassa sulle transazioni che riduca l'incentivo dei grandi intermediari finanziari a fare trading online piuttosto che erogare credito, che è la conseguenza naturale della teoria delle massimizzazione del profitto. Quando Draghi a nome della BCE dà dei soldi ovvero liquidità alle banche queste hanno di fronte (semplificando all'estremo) due possibilità: quella di fare attività di trading online con il miraggio di grandi profitti e quella tradizionale di fare credito all'economia reale che oggi vuol dire fare un'attività a basso rendimento e alto rischio, ammesso. È evidente che in questo contesto la banca che massimizza il profitto e dove manager e trader partecipano agli utili e non sempre alle perdite (secondo obiettivo è la riforma dei meccanismi di remunerazione), preferisce la prima alla seconda attività. Allora il problema sono le regole che vanno cambiate (tornando alla separazione tra banca commerciale — terzo obiettivo — e banca d'affari per evitare che l'attività speculativa sia sussidiata dai depositi bancari), ma anche il nostro voto col portafoglio perché siamo noi in ultima analisi a decidere in quale banca mettere i soldi.

Il quarto obiettivo della campagna 005 è la lotta all'evasione e all'elusione fiscale. Il problema chiave oggi nel mondo è quello della giustizia fiscale. Che è un problema per l'Italia come per l'Africa. In Africa una azienda va, estrae e poi trasporta il valore creato altrove, fingendo di fare utile nel paese dove c'è il paradiso fiscale. La stessa cosa accade in Italia dove le imposte sui profitti sono molo alte e questo altera anche i dati sulle dinamiche del PIL facendo apparire la situazione del nostro paese peggiore di quella che effettivamente è. Sono ottimista sul fatto che su questo fronte l'interesse ad agire delle istituzioni internazionali e degli stati è massimo.

Due primi passi fondamentali in questa direzione sono il registro pubblico delle imprese a livello internazionale per evitare ogni forma di opacità sulla struttura proprietaria e i bilanci con contabilità intraziendale per gli spostamenti di reddito tra paesi (*country by country reporting*) in modo da rendere più facile l'identificazione di pratiche elusive. Non stiamo parlando di battaglie contro i mulini a vento, ma di battaglie che si vincono con un piccolo sforzo, *country by country* è già attivo nel settore sportivo in America, grazie alle forze delle campagne, è già legge per le banche e sta diventando legge in Europa.

Concludo dicendo due cose: la prima è il concetto del titolo del mio ultimo libro *Wiki economia*, la potenza della rete può divenire utile anche per queste battaglie a favore di un'economia più responsabile. Con la possibilità di essere tutti coprotagonisti e co-produttori dei contenuti di questa nuova visione del mondo. Tutti possiamo oggi essere «felicemente» parte della soluzione e non del problema attivandoci e lavorando in rete e sui *social network* per costruire il collaborative common della *wikieconomia* così come *wikipedia* è nato dal lavoro di una comunità di internauti.

La mia conclusione preferita è il riferimento per la fertilità dell'azione politica a un principio «Il tempo è superiore allo spazio illustrato da papa Francesco nell'*Evangelii Gaudium*. Si tratta di un'affermazione non di leggi fisiche, dove tempo e spazio sono importanti tutte e due allo stesso modo, ma di leggi politiche e spirituali. Cioè vuol dire che se noi vogliamo essere fertili e generativi in azioni economiche e sociali non dobbiamo preoccuparci di occupare una poltrona o bloccare il tempo, ma dobbiamo piuttosto lavorare per mettere in moto dei processi che siano fertili nel tempo. Creare azioni che generino nuovi dinamismi nella società e coinvolgano altre persone che poi li porteranno avanti. Affinché fruttifichino in importanti avvenimenti storici. Questa la regola aurea che ci ispira, il compito dell'economia civile, il nostro paradigma, e l'obiettivo delle azioni che abbiamo messo in campo per aiutare le persone a capire che il nuovo paradigma è concreto e possibile.

ABBREVIAZIONI

BCE   Banca Centrale Europea.
CEI   Conferenza Episcopale Italiana.
FAO   Organizzazione delle Nazioni Unite per l'alimentazione e l'agricoltura.
ONU   Organizzazione delle Nazioni Unite.
PIL   Prodotto Interno Lordo

Sommario

Dott. Luigi Mariano, Introduzione 3

Papa Francesco, Messaggio 4

R.P. François-Xavier Dumortier, S.I., Saluto 5

Card. Oscar Andrés Madariaga, S.D.B.
    Dall'*homo oeconomicus* all'*homo reciprocans*
    Dal neo-liberismo economico
    allo sviluppo integrale dei popoli e delle persone 7

R.P. Gianpaolo Salvini, S.I.
    Economia del bene comune 16

Prof. Leonardo Becchetti
    Creare ricchezza con cooperazione, condivisione e dono 24

Gregoriana

1. «Vivere insieme» nell'Europa di oggi
   (Herman Achille VAN ROMPUY, Giovanni Maria FLICK)

2. *Patrem consummat Filius*
   Omaggio al R. P. Luis Ladaria, S.I.

3. La nuova evangelizzazione
   Dies academicus 2011-12

4. *The Council of Trent. Myths, Misunderstandings, and Unintended Consequences*
   R.P. John O'MALLEY S.I.

5. Il ministero dello storico
   Omaggio al R. P. Marcel Chappin, S.I.

6. De Robert Schuman à demain
   suite du Christ et engagement politique

7. Défis européens
   Cycle de conférences de Michel Praet
   Conseiller du Président de l'Union Européenne

8. Tra passato e futuro, la missione della Chiesa Cattolica in Asia: il contributo della Sophia University

9. Dies Academicus
   L'evento conciliare nella vita della Chiesa

10. Facoltà di Scienze Sociali
    Economia e Giustizia

Finito di stampare nel mese di febbraio 2014
presso Lisanti S.r.l. - Roma